AUX GENS DE BIEN ;

AUX HOMMES DE RAISONNEMENT CONSCIENCIEUX,

ENNEMIS DE LA FAUSSE SCIENCE ET DE LA FAUSSE JUSTICE.

DÉMOLITION

DES ROUTINES POLITIQUE ET SCIENTIFIQUE,

ou

RÉFUTATIONS

DES

CENT MILLE PRÉJUGÉS ET SOPHISMES

PHYSIQUES ET MORAUX

AU MOYEN DESQUELS LES RICHES ET LES PAUVRES SE RENDENT RÉCIPROQUEMENT MALHEUREUX,

Par R. BONVOULOIR.

Extrait substantiel des doctrines des plus grands esprits anciens et modernes.

Justice !

En offensant ce *divin* principe on provoque la *vengeance divine.* (V. la note 2, p. 15.)

PRÉJUGÉ. — La richesse est le signe de la probité ; elle témoigne de l'ordre, de l'économie de ceux qui la possèdent.

Dumon, *min. des trav. pub.*

RÉFUTATION. — Il est plus difficile à un riche d'entrer dans le royaume des cieux, qu'à un gros câble de passer à travers l'œil d'une aiguille. Jésus-Christ.

PRÉJUGÉ. — Chacun chez soi, chacun pour soi, et Dieu pour tous. Dupin.

RÉFUTATION. — Il y a plus de politique qu'on ne croit dans un bon sentiment. De Lamartine.

Humanité !

L'étymologie de ce mot révèle le devoir *essentiel* des *hommes.*

TROISIÈME ÉDITION.

PREMIER CAHIER. — PRIX : 60 CENT.

PARIS et ROUEN,

CHEZ LES PRINCIPAUX LIBRAIRES.

10 FÉVRIER 1848.

AVERTISSEMENT.

C'est pour le petit nombre des gens de bien et de raisonnement consciencieux que nous écrivons, et non pour cette sotte multitude appelée *vulgaire*, qui est la victime volontaire des empoisonneurs, tourmenteurs et spoliateurs de toute espèce : vache à lait des exploiteurs-juifs et des débitants de phrases académiques *stériles*.

Notre œuvre n'est donc point une spéculation, mais un compte-rendu d'études sérieuses et consciencieuses que nous croyons devoir à l'humanité.

Puissent ceux à qui nous désirons être utiles agréer l'hommage de notre dévoûment, sinon de notre succès !

Tout ce que nous demanderions au public qui voudrait bien nous honorer de ses suffrages, c'est de n'écouter que son *cœur* et sa *conscience*, non des *coteries*, pour savoir si cet ouvrage mérite d'être propagé, et d'agir en conséquence, en engageant les *gens de bien* à le prendre et à le répandre.

Amis, ne craignons rien ! car le génie du bien doit triompher éternellement de celui du mal et lui arracher un jour son masque d'hypocrisie et ces colifichets dorés qui en imposent au vulgaire ingrat et imbécile.

Surtout pas d'*inertie* et de *pusillanimité !* (1)

---

(1) Nous devons dire aux personnes honorables qui nous ont exprimé leurs sympathies, directement ou indirectement, qu'à la vérité des barrières matérielles nous séparent, mais que ces barrières n'empêcheront jamais notre cœur d'être juste et reconnaissant. Ah ! quand serons-nous affranchis de ces chaînes forgées par l'esprit de ténèbres, de ces préjugés terribles qui rendent forcément ennemis des êtres qui sont créés pour s'aimer, ou qui les éloignent par la peur, *souvent lâche*, de se compromettre.

TABLE DES MATIÈRES.

INTRODUCTION.

> AMOUR (1), voilà la loi des lois, qui
> absorbe et abroge toutes les autres.
> — *Deus est caritas.* (ÉVANGILE.)

Tous les esprits sincères avoueront que, dans le
seul cours d'une journée, il nous échappe mille
fautes, mille erreurs, qui nuisent à notre santé, à
notre bien-être, qui blessent notre raison, notre
conscience.

Pourquoi?

Parce qu'on ne se met nullement en garde contre
les funestes préjugés répandus dans le vulgaire;
parce que personne ne réfléchit. On adopte une idée
aussitôt qu'elle se présente, sans la discuter, sans
chercher la *vérité*, qui est pourtant le bien le plus
précieux. Quand on lit un écrit, on consulte presque
toujours son voisin ou une coterie (2), avant de con-
sulter son cœur et sa conscience, et on apprécie

(1) Les légitimistes ont comparé *l'association* à l'attraction
physique. Mais l'association ne vient pas toujours de l'amour.
Certains hommes s'associent aux autres pour les dépouiller.

(2) Rien n'est si fatal aux principes que ces réunions où l'on
accueille un homme ou un écrit *parce qu'il est présenté par
tel, et non parce qu'il rend des services* RÉELS *à l'humanité.*
Toujours de *minimes* considérations.

1.

mal, parce que le voisin donne *à l'improviste* un avis *irréfléchi;* puis, on ne veut pas, ensuite, revenir sur sa première opinion, et ainsi se propagent des erreurs sans nombre.

Il faut se convaincre cependant que la vérité ne se présente point ordinairement *tout d'abord* à l'esprit; car le génie du mal l'enveloppe presque toujours d'un épais nuage d'erreurs, parce qu'il sait que l'homme, s'il la connaissait, changerait ce monde en un monde meilleur.

Et, en effet, la vérité dans la politique, c'est le bien-être pour tous les hommes; la vérité dans la médecine, c'est la santé; la vérité dans la morale, c'est le bonheur universel (1); la vérité dans les sciences, c'est le progrès; le progrès avec ses miracles, avec ces forces incroyables dont la mécanique arme les machines; et le progrès dans les arts, c'est l'éclat de la peinture, de la sculpture; les harmonies de la musique, les splendeurs de l'éloquence;

(1) Bonheur qui n'est pas de ce monde; car pour que la matière goûte le bonheur parfait dans toutes les portions de de son être, il faut qu'elle *s'immatérialise*, qu'elle se *moralise*, pour ainsi dire, par la pratique de la vertu, et le moment de cette fusion des âmes des élus dans le grand tout immatériel (Dieu), ce moment s'appelle la *mort*. Alors on voit s'opérer une transformation complète que nous ne pouvons guère comprendre. Ce sera plus tard, probablement, un milieu entre la matière et l'esprit, puisqu'il est dit que les corps ressusciteront, mais non plus, comme aujourd'hui, impurs et imparfaits, formant un monde *qui est un composé de bien et de mal, d'erreur et de vérité.* (V. les notes 1, n° 14, 2, n° 17.)

c'est la pompe des décorations avec les éblouisse-
ments qu'elle enfante.

La vérité produira toutes ces merveilles innom-
brables, infinies, incroyables, qui surgiront jusqu'à
la fin des fins.

L'erreur, la fausse science, au contraire, nuisent
au monde en faisant avorter les efforts de l'écono-
miste pour le bien-être, du moraliste pour le bonheur, du médecin pour la santé ; en d'autres ter-
mes, ce sont les erreurs hygiéniques et médicales
qui produisent et prolongent les maladies et aug-
mentent la douleur ; ce sont les erreurs économiques qui propagent le paupérisme ; ce sont les
erreurs morales qui engendrent le malheur (1).

Et de même dans toutes les branches du grand
arbre humanitaire.

Et fatalement, l'erreur, revêtant toutes les appa-
rences de la vraie science, et se glissant à sa place
dans les sociétés savantes ; l'erreur contrebalancera,
disons-nous, toujours les résultats salutaires que
produira la vérité.

C'est bien là, il faut l'avouer, le plus infernal
stratagème, d'avoir entaché de faux jusqu'à la vertu
même ; de telle sorte qu'il faille dire : *les fausses
vertus*, lorsque l'on parle de celles que récompense

______

(1) Les riches sont tellement *aveugles* qu'ils causent leur
propre malheur en accordant les récompenses. non au mérite, mais à l'intrigue. De là tant de faux savants qui les
trompent, qui les torturent, et qui les tuent moralement et
physiquement.

ordinairement le monde. La véritable vertu , le véritable honneur, c'est de produire pour l'humanité
la plus grande somme possible de bonheur, de bien-
être , dût-on , en récompense , être méconnu et mé-
prisé d'un vulgaire ingrat et imbécile qui juge toujours à l'inverse de la raison et du bon sens.

Donc, il n'est pas sans importance de s'attacher à
combattre les mille préjugés qui sont les différentes
faces sous lesquelles l'erreur se représente sans
cesse. Combattre chaque sophisme *corps à corps*,
cesse. Il est bon que les hommes placés par Dieu
dans un milieu de circonstances qui leur permettent
d'approfondir la science , fassent part à l'humanité
du résultat de leurs études. Sans doute on ne doit
pas attendre d'eux de nouveaux principes de morale , car la morale est éternelle ; elle existait avant
nous. Il s'agit simplement de dégager la lumière des
ténèbres, de consacrer ses efforts à écarter les nua-
ges amoncelés par Satan autour du phare resplendis-
sant de l'intelligence humaine; phare allumé par
Dieu lors de la création du premier homme.

Tel est notre but, et il nous semble que c'est là le
plan tracé par la nature elle-même.

On nous objectera , peut-être, que les sciences et
les principes se rattachent les uns aux autres. Cela
est vrai quand il s'agit de cultiver méthodiquement
l'esprit d'un jeune homme ; mais cette vérité perd
de son importance hors des colléges , et la manière
que nous avons adoptée nous semble moins fati-
gante pour le lecteur. D'ailleurs, nous avons , au-

tant que possible, groupé les idées essentiellement connexes. Si, lorsqu'il s'agit d'expériences à l'appui de nos théories, nous ne développons pas autant qu'on pourrait le faire, c'est que nous croyons qu'il est indispensable que le lecteur opère par lui-même, s'il veut parfaitement comprendre. Dans tous les cas, l'expérience fait, pour ainsi dire, *corps avec 'e raisonnement.*

Enfin, nous ajouterons que nous tirons nos réfutations, *non de notre intelligence individuelle, dont nous nous défions*, mais, la plupart du temps, des principes généralement reconnus, professés par les grands esprits de tous les siècles (1).

(1) Pour rendre hommage aux fondateurs et disciples de l'éclectisme, nous dirons que cette doctrine nous paraît excellente *chaque fois qu'elle accepte pour régulateur l'Évangile*, qui est incontestablement le plus parfait code de morale, attendu que ce livre, reconnu divin par J-J. Rousseau et Voltaire eux-mêmes, règle avec une parfaite justice les intérêts *de tous* (*a*). Or c'est, en effet, selon nous, l'élite des penseurs de tous les siècles (Jésus à leur tête) qui est l'église par excellence, *la vraie* église (ἐκκλησία *de* ἐκλέγειν, *choisir*), *d'où vient aussi le mot éclectisme. Il est très remarquable que l'étymologie des deux mots est la même.*) Et le catholicisme romain reconnaît même notre opinion dans la pratique, puisqu'il admet, dans les séminaires, les enseignements des grands écrivains profanes, pour ce qui n'est pas *dogme religieux*.

(*a*) L'Évangile commande, en effet, aux riches d'être bienfaisants, c'est-à-dire d'être généreux envers ceux qui leur rendent des services, et de donner le nécessaire à ceux mêmes qui leur sont *en apparence* opposés ou inutiles. Leur devoir serait de le faire en vue de Dieu. Mais ceux qui ne peuvent s'élever si haut devraient au moins considérer leurs propres intérêts, et craindre les haines qu'ils excitent. Puisque l'amour

Les proverbes (*qui sont la sagesse des nations*) nous viennent souvent en aide.

n'est point dans leur cœur, qu'ils sachent du moins que l'égoïsme et l'injustice se punissent eux-mêmes, en se privant des services des hommes savants et vertueux.

I.

Faites vos aumônes par vous-même, et ne confiez pas vos fonds à ceux qui prêchent la charité, revêtus de manteaux dont on habillerait quatre pauvres.

Préjugé. — Il ne faut pas faire le bien isolément, mais il faut s'associer pour le faire avec plus de puissance.

Réfutation. — Les abominables malversations qui se produisent à chaque instant au grand jour, prouvent qu'autant que possible il faut faire soi-même ses aumônes, et ne pas confier ses fonds à ceux à qui le Christ a dit : « *Vendez tous vos biens et distribuez-en le prix aux pauvres,* » et qui, néanmoins, paradent dans de somptueux évêchés et se drapent, *en plein soleil de juin*, de manteaux dont on habillerait quatre indigents.

N'en doutez point : s'il n'y avait pas de dilapidations et de malversations, et si tous les millions qui sont remis pour les pauvres, par MM. les *dévots*, et surtout par les *dévotes*, étaient distribués d'une manière *intelligente* e *fidèle*, la mendicité disparaîtrait presque partout, comme elle a disparu dans certaines localités. Et la tâche d'extirper ce fléau n'incombe-t-elle pas au clergé ?

Il tend à l'inverse de ce but, et cependant nous voyons avec peine que les journaux mêmes qui mettent le plus de zèle à dévoiler ces criminels détournements, sont les premiers, dès le lendemain, à enregistrer des souscriptions recueillies par des prêtres (1).

En résumé, au lieu de nous perdre en divagations sur

(1) Les prêtres ont glissé partout la fourberie et le mensonge.
(Napoléon.)

Napoléon, qui connaissait si bien les hommes, disait encore qu'il était entouré de prêtres, de cardinaux, d'évêques, ne prêchant que les vices, les orgies et les rapines du clergé (1), nous préférons, pour lui témoigner la défiance que la majorité de ses membres *(même des sœurs de charité)* excite en nous, lui répéter ces reproches que Jésus jetait, *avec accompagnement de coups de fouet*, à ceux qui trafiquaient dans le Temple des choses usuelles, et non des choses saintes : « *La maison de Dieu est une maison de prières, et vous en avez fait un repaire de voleurs* » « speluncam latronum (2). »

II.

Il faut extraire les idées de la *masse des intelligences* comme on extrait l'or et le diamant des mines.

PRÉJUGÉ. — Les idées sont moins précieuses que l'or et le diamant. Les gouvernements doivent exploiter les

le désintéressement et se montrant toujours les plus intéressés de tous. Le duc de Rovigo parle, dans ses Mémoires, de la sordide avarice du pape Pie VII, à Fontainebleau. Il contemplait souvent ses pièces d'or, et raccommodait lui-même ses culottes.

On a pu voir tout récemment, dans les journaux, une transaction fort édifiante au sujet de QUARTS D'INTENTION de messe. Que ne verrait-on pas encore si le gouvernement ne mettait une criminelle complaisance à laisser impunies les escroqueries, les abus de confiance, les crimes de toute nature du clergé. (V. l'art. 405 du C. P.)

(1) N'est-ce pas la chose du monde la plus incroyable et la plus inconcevable, que la rapine ose s'attaquer aux fonds destinés à soulager les plus affreuses misères ? Voyez pourtant le luxe suspect et les richesses promptement acquises de ceux qui se chargent de quêter pour les pauvres.

(2) Il nous est dur d'appliquer cet article à la majorité du clergé, quand plusieurs de ses membres sont reconnus par nous comme véritablement humains. Mais, hélas ! pourquoi est-il trop vrai que les suisses, bedeaux, marguilliers, etc., ont pour consigne de faire arrêter les pauvres, même invalides, qui se présentent chez la plupart de MM. les évêques, aumôniers et curés, dont pourtant la charité est le premier devoir ? Nous avons vu à l'œuvre ces indignes cerbères, car, sans être le Rodolphe de M. E. Sue, nous avons néanmoins approfondi un peu, nous aussi, les mystères de plusieurs cités.

mines, plutôt que de s'occuper de tirer profit des bons écrits.

RÉFUTATION. — Non ! jamais les gouvernements ne pourront rechercher avec trop de soin les idées fécondes et utiles : elles sont d'un prix incomparable. Ce n'est point que nous voulions ici plaider une cause qui nous est commune avec tous les écrivains ; mais nous devons, nous, reconnaître que , comme les métaux précieux sont épars dans le sein de la terre , de même les lumières intellectuelles sont répandues ça et là dans *tous* les esprits, et il n'est guère d'homme qui ne puisse être utilisé (1), car *les hommes sont* des *idées*, et, comme le dit Boileau, poète du bon sens :

« Un sot ouvre parfois un avis important. »

On ne peut cependant disconvenir que les professions diverses ne soient plus fécondes les unes que les autres, et, pour continuer notre comparaison , nous dirons qu'il en est ici comme pour les couches géologiques , dont les unes ne contiennent que des cailloux sans prix, tandis que d'autres recèlent les minéraux les plus précieux ; n'y a-t-il pas aussi des écrivains dont les œuvres sont un fatras verbiageux , un amas d'incohérences , de paralogismes ? Aussi leurs théories n'ont-elles *aucune influence sur les événements.*

Il faut donc que *sans cesse* les gouvernements s'oc-

(1) Le journal la *Presse* est fort en peine de trouver le moyen d'employer tous les bras. Il faudrait tout d'abord occuper toutes les intelligences dont il est possible de tirer profit. Ce serait déjà un grand nombre d'hommes utilisés ; car il y aura éternellement des recherches et des travaux intellectuels à organiser (V. la note 1 , p. 20.) Mais le *grossier* matérialisme des hommes du pouvoir et des riches ne dispose des fonds publics que pour indemniser ceux qui n'ont ni droit ni besoin d'être indemnisés. (*V. la note* 1, n° 6.)

cupent d'extraire le bon du mauvais , dans l'immense quantité d'écrits qui paraissent chaque année, et que les hommes d'état se persuadent intimement que *tous* les écrivains sont susceptibles de concevoir des idées utiles , sans qu'il soit besoin pour cela d'être académicien. Le défrichement dont nous parlons sera pénible , mais fructueux, et nous croyons que , par un tel moyen , le gouvernement anglais aurait trouvé un remède à l'épouvantable détresse où est plongée l'Irlande ; détresse dont la Providence n'est pas *cause responsable*, comme le croient John Russel , M. Duchâtel et autres. (*Abominable blasphême !*)

III.

Il vaut mieux améliorer que renverser un gouvernement.

Préjugé. — Le gouvernement actuel n'a point produit les résultats qu'il avait promis , donc il faut le renverser.

Réfutation. — Quand vous renversez un gouvernement, vous courez toujours la chance si déplorable d'en rencontrer un pire, parce que les hommes qui parviennent le plus souvent, dans un monde imparfait tel que le nôtre, sont les intrigants qui flattent le peuple ou la cour : les bons citoyens se tiennent à l'écart : le devoir de la presse est donc de soutenir l'ordre existant , en remettant *sans cesse* sous les yeux du pouvoir les salutaires leçons de l'histoire , qui prouvent que toute politique égoïste a conduit à leur perte ceux qui la pratiquaient, depuis Saül jusqu'à Napoléon et Charles X.

Il faut dire aussi aux peuples qu'on peut obtenir par des voies pacifiques le développement ou le changement des constitutions et laisser aux gouvernements la responsabilité des colères populaires excitées par leur arbitraire.

La presse doit encore répéter sans cesse aux hommes d'état que la prospérité et la stabilité des empires n'existent qu'autant que la JUSTICE et *l'humanité* sont la règle des gouvernements (1). (*V. les notes ci-dessous.*)

Justice donc au mérite, dans toutes les administrations ! Justice *intelligente* et *probe* (2) !

IV.

La politique conservatrice contrarie la marche générale de la nature, lorsqu'elle décourage les efforts des hommes de progrès qui s'efforcent d'améliorer l'existence humanitaire.

PRÉJUGÉ. — Il vaut mieux conserver qu'améliorer.

RÉFUTATION. — La marche de la nature tout entière prouve que l'assertion ci-dessus est un sophisme. Aussitôt qu'un être quelconque cesse de se développer et de

(1) En rendant ainsi justice à qui de droit, un gouvernement s'enrichirait de mille inventions, de mille idées précieuses, et la misère n'accablerait plus alors que les fainéants. Il n'en est pas ainsi de nos jours, les grands prix sont pour les *archi-millionnaires* éleveurs de chevaux *de parade*, les médailles de bronze pour le mérite indigent. Nous devons reconnaître cependant qu'on à eu une intention excellente en fondant dernièrement un prix de 6,000 fr., au ministère de l'*Instruction publique*, pour un livre destiné à l'enfance.

(2) On peut appliquer à la JUSTICE, dont la vérité n'est qu'un corollaire, ce que nous avons dit de ce dernier attribut dans l'introduction. L'étymologie du mot justice (ζεὺς, *Deus*), *que les Français rendent par la syllabe Ju, dans Jupiter* (ζεὺς-πατὴρ) ; *et stare, steti,* RESTER (*rester Dieu*); l'étymologie du mot justice indique, disons-nous, que cette vertu est la vertu propre de Dieu et ne nous est guère accessible. Voilà pourquoi il est dit : *Ne jugez point, et vous ne serez point jugés.* La *reconnaissance* nous est plus praticable ; mais la vertu propre de l'espèce humaine est l'HUMANITÉ (de *homo, uomo,* homme), et nous ne pouvons être justes qu'à demi. Tant que Dieu *resta* Dieu, s'il nous est permis de parler ainsi, sa justice le poussa à nous exterminer et à nous tourmenter : mais bientôt, en se faisant *père,* il descendit des sublimités de sa justice dans les mystères des sa bonté ; et alors il nous aima.

croître, il dépérit et tombe. Voyez les animaux ! voyez les végétaux ! Représentez à votre intelligence et à votre mémoire ces natures comprimées et éphémères des genres *nains*, et vous avouerez que le progrès est indispensable aux états comme aux individus ; qu'il faut, dans toutes les administrations, changer le bien en mieux, et se rapprocher, le plus possible, de la communauté chrétienne, en *tendant* continuellement à équilibrer le bien-être dans les deux classes sociales, *au moyen de la justice et de la bienfaisance* (1).

Vous nous objecterez que les végétaux et les animaux, arrivés à un certain degré, s'arrêtent et se maintiennent quelque temps.

C'est vrai, mais cela s'explique : parce que les êtres dont vous parlez sont infiniment plus imparfaits que les sociétés humaines, et qu'il ne leur est point donné, comme à nous, de prolonger (quelquefois) et d'améliorer (toujours) leur existence dans de certaines limites. Cette faculté est donnée à l'homme, et malheur ! malheur à lui ! s'il rejette, faute de l'apprécier, ce sublime droit, présent précieux de l'infinie bonté.

Rois ! vous savez ce qu'il en coûte quand on essaie d'étouffer la lumière intellectuelle, une fois qu'elle s'est fait jour. Quand elle est offerte au monde PAR LA PROVIDENCE, qui fait sortir le bien du mal que veulent faire ses ennemis, alors elle pulvérise ce qu'on lui oppose, et, *en se refusant aux innovations qui sont des progrès,*

(1) BIENFAISANCE. La seule étymologie de ce mot (*faire le* BIEN.) révèle à l'homme le plus indispensable des devoirs. — La *Linguistique* serait un des auxiliaires les plus puissants de la philosophie pour l'enseignement dans les colléges. Mais les faux savants soupçonnent à à peine l'existence de cette précieuse science, ce qui ne les empêche pas de posseder des titres, des décorations et diplômes : s'ils favorisaient au moins ceux qui sont plus savants qu'eux. Mais non, tout au contraire, ils ne cherchent qu'à leur nuire ! (*V*. *la note* 1, *n*° 3.)

on a des innovations qui ne sont pas des progrès (1).
(CANNING.)

Dieu l'a voulu ainsi.

Enfin nous ajouterons que, dans la hiérarchie des idées, *conservation* est subordonné et lié à *progrès*; car, conserver sans améliorer, c'est tout simplement *conserver le mal* au lieu de le changer en bien, et de changer le bien en mieux ; politique bien différente de celle inspirée à Louis XIV par Bossuet, la plus forte intelligence de son siècle. Or, en jugeant *d'après ses résultats* la politique conservatrice, nous l'estimerons désastreuse, puisqu'elle n'a produit cette année que des désastres en France, en Belgique, en Irlande et ailleurs ; cette politique empêchant les ressources de s'accroître *en même temps* que les populations s'accroissent (2).

V.

Les réputations et les compères.

PRÉJUGÉ. — M. Lunarius est le premier savant du monde. M. Rabachard et M. Rabêtard sont de grands orateurs.

RÉFUTATION. — Quelle découverte utile a fait M. Lunarius ? Comment vous a-t-il fait voir qu'il était plus sa-

(1) Louis XVI en est la preuve. Ce prince tomba pour avoir admis en Amérique un principe juste, qu'il voulut bannir de France, et pour ne s'être pas aidé des véritables capacités de son siècle. Une conscience ne peut pas admettre à la fois *ici* la monarchie, *ailleurs* la souveraineté du peuple. D'un autre côté, on ne doit jamais tenir la lumière sous le boisseau : mais, au contraire, la mettre sur le candélabre, c'est-à-dire élever en dignité ceux qui le méritent, comme Turgot, car qui blesse le divin principe de justice provoque la vengeance divine. (*V. la note* 2, n° 3.)

(2) Dans Paris, plus de 460,000 personnes ont été réduites, pendant l'hiver de 1847, à l'aumône, sans compter celles plus malheureuses

vant qu'un autre? Est-ce parce qu'il a recueilli les applaudissements d'une foule de badauds trompés par la sonorité de quelques grands mots, par une affectation hypocrite de popularité, et prêts à applaudir quiconque sait leur en imposer ?...

De même, M. Rabachard s'est fait une réputation d'orateur grâce à ses compères du journalisme, qui l'ont prôné injustement dans leurs réclames, ou qui ne se sont pas défié de ses stratagêmes. (*V. la note* 1, *n°* 18.)

M. Lunarius, M. Rabachard et M. Rabêtard sont de petits génies, qui n'ont jamais enfanté que de verbiageux plagiats ; qui n'ont jamais fait de découvertes que *dans la lune ou au-delà* de cette planète, c'est-à-dire des découvertes *sans utilité*.

Or, tout arbre qui ne produit pas de fruits *utiles* doit être réservé au feu. (*Evangile.*)

Donc les écrits de M. Lunarius, de M. Rabachard et de M. Rabêtard ne sont bons qu'au feu.

VI.

Il y aura toujours des pauvres (1), parce qu'il y aura toujours des insatiables et des avares, le bien-être consistant dans la circulation monétaire, entravée par l'orgueil, l'avarice et la cupidité.

PRÉJUGÉ. — Les phalanstériens disent : « *Il est possible d'extirper le paupérisme de la société.* »

encore qui n'ont *pas d'asile* et qui vont mourir dans les fossés. Et, pourtant, il y a une société avec un journal et des fonds pour protéger les *animaux*. Protégez vos semblables, messieurs les *zoophiles* : avant de vous occuper avec tant de sollicitude de l'amélioration *des bêtes à cornes*, occupez-vous de l'amélioration de l'espèce humaine.

(1) Quelques philanthropes ne veulent pas qu'on parle de pauvres. Eh ! mais qu'il les enrichissent donc, nous ne demandons pas mieux : tant qu'il en existera, les théories devront en parler. Faites donc, messieurs, comme un *tarif d'indulgences* du moyen-âge, qui élimine

Refutation. — Bien que nous estimions beaucoup le caractère philanthropique des écrits de Fourier et de ses adeptes, et que nous voudrions par notre hommage pouvoir venger ces honorables citoyens de l'injuste dédain des esprits égoïstes qui mesurent à leur taille de pygmées les génies les plus élevés, et croient impossible à l'humanité tout entière ce qui est impossible à leur propre incapacité, — nous qui pensons comme Napoléon, que : « *Il n'est pas d'idéalités qui n'aient au fond un résidu positif* » (Mémorial de Saint-Hélène), — néanmoins nous ne pouvons tout-à-fait justifier du reproche d'utopie les œuvres des phalanstériens. Car il faut, de toute nécessité, admettre que Dieu a refusé à l'homme, sur cette terre, le progrès *immédiat* qui ne saurait appartenir à un monde qui, d'après sa nature, doit être, jusqu'à la fin, un composé de bien et de mal ; et il y aura toujours ici-bas des insatiables, des avares, des dissipateurs, des mauvais cœurs dans toutes les classes de la société. L'anathème du Christ porte, à la vérité, sur les riches ; mais il n'épargne pas ceux qui désirent *plus que l'aisance.*

Les phalanstériens supposent à tort, qu'il est possible de rendre tous les hommes bons, et d'introduire dans la société une sorte de *communisme volontaire.*

Quant à nous, nous concluons des paroles du Christ, que nous rappelions tout-à-l'heure (1), qu'il est impos-

---

le cas où les chalands ne pourraient payer, en disant tout bonnement : *Pauperes non possunt consolari quia non sunt.* Il n'y a pas de pauvres ! !!

(1) « *Il est plus difficile à un riche d'entrer dans le royaume des cieux qu'à un gros câble de passer à travers l'œil d'une aiguille* » Cela se comprend, puisque les riches exercent à l'égard des pauvres les fonctions de tuteurs et de curateurs, comme le dit M. Thiers ; ils deviennent conséquemment et inévitablement responsables des désordres et des crimes qu'enfante leur mauvaise gestion ; de tous les

sible de rendre la majorité des riches charitables (*V. la note* 2, *p.* 13), et conséquemment de les amener à partager avec les pauvres, en faisant représenter exactement les capitaux par les travaux et en équilibrant la richesse et l'activité, de même que la vitalité doit être équilibrée dans le corps humain (1). Là est pourtant tout le mal, et, avec le proverbe qui fait dériver de la circulation monétaire le bien-être général (2), nous tenons pour certain que la source principale de la misère sociale est dans les coffres-forts. Le jour où les milliards stagnants dans les caisses de la Russie (3) et de nombre de fonctionnaires et de particuliers de toutes les puissances seront *semés* dans le commerce, ce jour verra *germer* la prospérité générale (4).

Nous défions qui que ce soit de contester consciencieusement la vérité du proverbe en question.

Mais hélas ! la peur de manquer ne raisonne pas.

méfaits qu'ils pourraient prévenir, et leur responsabilité sera en raison de leurs moyens matériels et moraux.

(1) On ne sera jamais embarrassé pour écouler les produits, qnand le taux du salaire permettra à l'ouvrier de s'habiller *décemment* et de jouir des commodités *indispensables.* (V. la note 1, n° 2 .)

(2) De même que la santé du corps humain dépend de l'équilibre circulatoire, il y a paralysie dans les organes, où il y a stagnation et phlegmasie dans les organes où la vitalité est trop développée. *Révolution* et *révulsion* ont la même étymologie et produisent des effets *analogues* dans le corps humain et dans le corps social.

(3) Les évenements sont venus justifier nos assertions sur presque tous les points. (V. la note 2, n° 18.)

(4) Lycurgue l'entendait aussi de même, lorsqu'il inventait sa monnaie pesante et embarrassante pour qu'on ne pût thésauriser, et quand, pour punir la cupidité et l'avarice, il autorisait le vol dans ces admirables lois qui ont assuré la prépondérance de Sparte, tant qu'elle les a observées. Néanmoins, nous ne croyons pas, avec Lycurgue, que la législation ne puisse trouver un meilleur moyen. Qu'on nous permette de préférer celui d'honorer la philanthropie, de récompenser tous les genres de mérite, et de flétrir par la presse, un peu plus libre qu'elle ne l'est en France, les détestables passions qui produisent la misère sociale. (*V. la note* 1, *ci-dessus, et la note* 1, n° 2.)

VII.

Si l'Académie des Inscriptions mérite le titre qu'elle porte.

PRÉJUGÉ. — L'académie des *Inscriptions* ne doit point composer des inscriptions, mais s'occuper uniquement à déterrer des antiquités.

RÉFUTATION. — Nous ne voulons pas nier l'utilité de la science des antiques, mais nous trouvons inexplicable qu'une académie n'existe que dans le seul but de cultiver cette science, et qu'elle prenne le titre d'*Académie des Inscriptions*, tandis que les monuments modernes sont tout-à-fait dépourvus d'inscriptions (à moins qu'elles ne soient cachées). L'obélisque *seul* de la place de la Concorde en possède une ; mais elle n'apprend que ce qu'on sait parfaitement. Nous désirerions que les monuments publics portassent des phrases d'une extrême concision et qui enseignassent l'histoire et la morale, en piquant partout la curiosité. On pourrait leur donner un caractère moral, car chaque monument exprime une moralité. La colonne de Juillet rappelle le triomphe nécessaire de la justice sur la tyrannie ; le monument expiatoire, le regret que cause la vengeance. Il en est de même de tous les monuments ; tous les tableaux, mêmes, devraient porter des inscriptions morales et instructives.

VIII.

On ne doit pas indiquer à un malade un médicament dont l'expérience et le raisonnement n'ont pas *simultanément* prouvé l'efficacité certaine.

PRÉJUGÉ. — J'ai en ce moment l'idée d'indiquer tel poison à ce malade, donc je vais le guérir.

Réfutation. — Voilà pourtant comment raisonnent la plupart des grands docteurs des académies ! C'est avec bien du regret que nous le divulguons, mais n'est-on pas obligé en conscience de prévenir les malades des erreurs de la médecine, surtout d'erreurs si grossières ?

Prouvons :

Quel raisonnement, par exemple, avait déduit M... de l'observation de la nature, lorsqu'il ordonnait à M le D. d'O. des sangsues derrière l'oreille ? Si M... avait réfléchi à ce que peut produire une telle médication, il aurait conclu que, par ce moyen, il créait un nouvel épanchement à peu près analogue au premier, en ajoutant, par la succion des sangsues, une nouvelle impétuosité au courant sanguin déterminé vers le cerveau, car les sangsues appliquées à cet endroit ne dévieront certainement pas ce courant en sens *contraire*. Quelquefois néanmoins elles ont été favorables, en dégorgeant *momentanément* les organes pléthoreux. (1)

IX.

Ce n'est pas l'argent, qui fait le bonheur, mais le bon emploi de l'argent, en achat de vraies jouissances.

Préjugé. — Quand nous aurons de l'argent, nous aurons tout : science, bonheur, puissance, honneurs, etc.

Réfutation. — Malheureusement il est trop vrai qu'il faut appliquer à tous les siècles ces vers que Boileau appliquait au sien :

(1) La *Gazette des Tribunaux* annonce qu'un procès vient d'être intenté à un docteur qui a estropié son malade. Que serait-ce donc si toutes les .. *bévues* des medecins leur suscitaient des procès..... Que M. Orfila nous permette de lui apprendre que *le meilleur* moyen de diagnostic d'un empoisonnement est l'odeur de l'haleine qui révèle, *dès les premiers moments*, l'ingestion de l'arsénic et de plusieurs autres toxiques....

« L'argent , dit-on , l'argent ! sans lui tout est stérile ;
La vertu sans argent n'est qu'un meuble inutile ;
L'argent en honnête homme érige un scélérat ;
L'argent seul , au Palais , peut faire un magistrat. »

Mais pourtant, ne nous y trompons pas, l'argent ne fait pas le vrai bonheur. On l'a dit mille et mille fois, et personne ne peut soutenir le contraire, d'une manière bien réfléchie.

Seriez-vous assez absurde pour croire heureux celui que son ignorance et sa stupidité assujettissent à toutes sortes de préjugés, c'est-à-dire à toutes sortes de maladies physiques et morales ? Il est avare, peureux (1), souffrant, agité et ennuyé ; il est *à la fois* ridicule et glorieux ; il est pauvre avec ses millions, qu'il ne sait pas utiliser, *même dans l'intérêt de son égoïsme* , et qu'il se voit arracher malgré lui par des intrigants rapaces et ineptes qui l'importunent nuit et jour, pour lui vendre bien cher des services plus nuisibles qu'utiles comme le sont toujours ceux des faux savants : il est prodigue quand il faut acheter de fausses jouissances, parcimonieux quand il s'agit d'en acheter de véritables ; il regrette à chaque instant l'or qu'il vient de gaspiller, tout en le gaspillant de plus belle : aussi n'a-t-il plus rien quand il s'agit de payer des services réels, et d'encourager le vrai mérite et les inventions qui le délivreraient d'un grand nombre de maladies et d'incommodités...... Mystères d'angoisses ! que comprennent tous ceux qui ont possédé... (*V. la note* a, *p.* 9.)

(1) *Peureux* de trente-six peurs et de la plus honteuse, la peur de manquer, *l'avarice* , qui est la cause de plus de tortures, de plus de morts cruelles que n'en ont jamais engendré sous la *terreur* les passions les plus violentes. Et cependant les riches crient contre les révolutionnaires ! La hache et la pique tuent moins souvent et moins horriblement , dans les temps de révolution, que la faim et le froid sous le règne de l'egoïsme. La misère pousse l'homme à se déshonorer lui-même , quand elle ne le fait pas périr *lentement.* Voilà *l'ordre public* de vos routines !...

Mais que serait-ce si nous dévoilions à vos regards les abominables intrigues des palais ; les hypocrisies perfides et les haines brutales qui sont contraintes d'y vivre journellement ensemble (1)....

Quant à la puissance ! est-il puissant celui auquel la presse jette tous les jours, à la face du monde entier, les épithètes d'infâme, de traître, de voleur, etc., etc. ?

Enviez-vous un tel sort ?... Vous seriez bien stupide !...

. . . .

X.

Jésus-Christ coupable du délit de mendicité, et trônant néanmoins sur la tête des juges dans les prétoires de tribunaux.

Préjugé. — La mendicité est un délit.

Réfutation.— Mais alors le bienfaiteur est complice ; que ne le punissez vous, pour exécuter votre loi avec toute la rigueur que vous déployez d'ordinaire *contre les pauvres ?*... Mais alors que deviendrait cet autre article du code pénal : « *Il n'y a ni crime ni délit, lorsqu'on est poussé par une force à laquelle il est impossible de résister.* » Si la perspective de la misère, la faim, la souffrance la plus poignante, ne sont pas cette force à laquelle il est impossible de résister, alors il n'y a plus de conscience ; et pourtant il y a des vérités qu'on peut nier aux autres, mais qu'on ne peut se nier à soi-même.... Non, on ne peut se dire à soi-même qu'il faut mourir plutôt que mendier ; il n'y a que de grossiers

______

(1) Depuis notre première édition, les événements sont venus, tout à propos, donner gain de cause à nos opinions et à nos théories. Que de masques tombés ! que de paradoxes reconnus ! que de routines en débâcle ! que de fortunes mal acquises renversées !

athées qui allèguent de telles raisons et qui conseillent le suicide dans la misère (1)...

La mendicité est un délit !...

Et vous intrônisez dans vos prétoires le Christ, qui fut mendiant et vagabond ! (2) Mystères !... Oui, le Christ est là qui plane sur vos têtes, ô juges, tremblez !... Il vous jugera vous-mêmes... peut-être dans un instant (3).

La mendicité est un délit !

Et comment qualifierez-vous donc la cupidité et l'usure, qui font qu'en accaparant des millions et des milliards, ou en les prodiguant par un *inintelligent* gaspillage, on réduit nombre de ses frères au suicide, à la mendicité, au crime (4) ?... Mais les insatiables ont renié leurs frères, et depuis bien longtemps.

. (1) On a osé condamner encore tout récemment plusieurs malheureux hommes de lettres entraînés au vol *par la faim*. N'est-ce donc pas assez que les riches les aient ruinés matériellement : faut-il donc encore que leurs tribunaux viennent achever l'œuvre en ravissant *l'honneur* à ces infortunés ? Si les hommes du pouvoir avaient la conscience et l'intelligence du mal qu'ils causent, qu'ils tolèrent et qu'ils font, l'abîme s'entr'ouvrirait sous leurs pas... Mon Dieu ! pardonnez-leur, car ils ne comprennent point.... (*V. la note* 1, *n*° 9.)

(2) Au premier abord ces qualifications répugnent mais on est forcé de les admettre lorsque l'on refléchit à la manière de vivre du Christ. N'a-t-il pas dit de lui-même : *les oiseaux du ciel ont des nids, et les renards des tanières, mais le fils de l'homme n'a pas où reposer la tête,* Que les personnes vraiment pieuses se défient des hypocrites qui se scandalisent de quelques expressions plus hardies que téméraires et qui ne rougissent pas de dilapider les secours qui leur sont confiés pour remettre aux malheureux.

(1) Ce sont les supérieurs dans la hiérarchie judiciaire qui assument la responsabilite *principale* de tels jugements puisqu'ils ne s'empressent pas de réformer ces lois abominables et d'organiser des administrations de placement et de secours pour prévenir les délits occasionnes par la misère. (*Voir les notes* 1, *n*ᵒˢ 2 *et* 6.) Quoi qu'en dise la routine bureaucratique, M. de Lamartine réclamait avec raison il y a trois mois un *ministère de bienfaisance.*

(2) Les haillons ou la gêne pécuniaire de ceux qui encombrent les pri-

À Dieu ne plaise que nous excitions jamais, les uns contre les autres, les riches et les pauvres ! car la vengeance empirerait des deux côtés la situation ; mieux vaut souffrir soi-même que de faire souffrir, *même les méchants* ; nous ne voulons pas non plus conserver la mendicité, mais, au contraire, la *prévenir*, pour ne pas avoir à la *réprimer*, et jamais notre conscience n'admettra comme justice cet article barbare, éclos sous le sabre despotique de Napoléon, alors, il est vrai, qu'on pouvait travailler lorsqu'on le désirait sincèrement.

La mendicité est un délit !... (1).

sons prouvent assez que la misère enfante le crime, et prouvent, encore, que la fortune assure souvent l'impunité aux criminels opulents, dont les vices les plus odieux, l'usure, par exemple, et l'égoïsme, sont honorés comme vertus, et cela n'est pas rare ; car, helas ! il y a autant *de mauvais riches* dans les palais que de *bons larrons* dans les cachots infects et pleins de vermine de l'Europe *civilisée*. « (Voir, dans les journaux du mois de novembre 1845, la lettre d'un » professeur de rhétorique écroué par erreur, parmi des hommes en » haillons, dans un de ces bouges abominables. On sait d'ailleurs que » les détenus s'y pendent fréquemment. — Voir encore dans la *Ga-* » *zette des Tribunaux* les plaintes de plusieurs condamnés, qui pré- » fèrent aller au bagne ou même à l'échafaud plutôt que de *mourir* » *de faim* et de *froid* sur de la paille pourrie, dans les cachots obscurs » des prisons départementales et centrales.) » Avouons pourtant que la nouvelle loi sur les prisons doit apporter remède à de telles horreurs, du moins partiellement ; et plaise à Dieu que la cellule ténébreuse et l'arbitraire mesure du secret ne viennent pas ressusciter l'antique torture, comme le font craindre des débats judiciaires tout récents. (*V. la note* 2, n° 31.)

(1) À Dieu ne plaise que nous voulions blâmer dans cet article les juges si humains de Poitiers et de plusieurs autres villes, dont on ne saurait trop louer la philanthropie ! Puisse ne jamais être oublié le noble dévoûment avec lequel quelques cours royales ont abandonné partie de leur traitement aux pauvres. Que n'ajoutent-elles à cela quelq es pétitions pour obtenir qu'on débarasse les prisons d'individus dont tout le crime est d'être malheureux et *de n'avoir pas de papiers* ou de moyens d'existence. (V. dans le code de Sulpicy, instruct. crim., art. 609, ce qu'il dit de ces incarcérations qu'il qualifie d'illégales et nous d'*arbitraires*.) Il est extrêmement urgent qu'on se préoccupe de ceux que la misère engage à se faire arrêter pour avoir le pain de la prison. (*V. les notes* 1 et 2, n° 10)

XI,

Le choix d'un médecin est une affaire importante qui demande du temps et de la réflexion.

Préjugé. — Bien que M. Vantard n'ait fait aucune étude rationnelle, il prétend et affirme qu'il guérit toutes les maladies; il faut donc que je lui confie ma santé. Je crois fermement qu'il ne tue pas ses malades ou qu'il ne les estropie pas, parce qu'on dit qu'il a guéri un grand nombre de personnes.

Réfutation. — Ceux qui vous ont assuré que M. Vantard avait guéri beaucoup de malades, ont-ils compté et vérifié exactement par eux-mêmes? Demandez la liste des malades et la description des maladies; vérifiez vous-mêmes les guérisons. (*V. la note* 1, *n° 8.*)

Interrogez-le sur les principes d'après lesquels il explique son traitement.

Il est incroyable avec quelle légèreté on court du médecin *Tant-pis* au médecin *Tant-mieux*; le choix d'un bon médecin est-il donc sans importance? Faut-il prendre le premier venu, par la raison qu'il a saigné votre père dans sa dernière maladie? Ne savez-vous pas qu'il y a un grand nombre de médecins qui tuent leurs malades, ou qui les laissent *inhumer vifs* (1)?

(1) Voir un grand nombre de cas d'inhumations précipitées, dans le *Dictionnaire de Médecine Usuelle* de MM. Bayle et Gibert, art. *Inhumations* V. aussi la note 2, n° 18. On voit tous les jours dans les journaux de ces terribles accidents. Les députés, les ministres et les pairs de France ne font, il paraît, qu'en rire, et on continue toujours de soudoyer des académiciens ignares et ineptes.

Nous devons rappeler ici que toutes les critiques contenues dans cette édition, comme dans les autres, portent sur l'ancien ordre de choses.

XII.

L'orgueil, la cupidité, l'avarice. l'égoïsme, vices mortels pour la société, et pourtant impunis et même protégés par la loi.

Préjugé. — L'orgueil, la cupidité, l'avarice, l'égoïsme, ne sont pas des vices que la loi doive ou puisse flétrir ou réprimer.

Réfutation. — Les vices dont nous parlons ici sont la vraie source du paupérisme ; les extirper, ce serait le seul moyen d'extirper du genre humain le paupérisme, ce fléau qui fait du pauvre l'ennemi du riche. Avouons que ce serait entreprendre une tâche énormément difficile ; mais ce n'est pas tout-à-fait impossible. En encourageant et en propageant les bons écrits où ces funestes passions seraient justement flétries, où seraient étudiées *rationnellement* les questions économiques, on pourrait approcher un peu du but. On en approcherait encore davantage en recherchant et en honorant les écrits et les fondations philanthropiques plus qu'on ne le fait actuellement. Car il est véritablement déplorable qu'il y ait tant d'institutions policières pour flétrir l'existence *des pauvres*, et presqu'aucune institution pour récompenser et honorer la vertu et la science (1). Il faudrait aussi créer de nouveaux débouchés pour l'excédant des produits nationaux. (Voy. la note pag. 11.) N'y a-t-il donc que la bravoure guerrière et les élucubra-

(1) Il y en a, mais elles sont dues à quelques philantropes et non au gouvernement, et il faut pour profiter des récompenses qu'elles accordent, faire par soi-même ou par d'autres mille et mille démarches fastidieuses, embarrassantes et dispendieuses Il faut aussi subir mille délais et mille formalités *et exhiber à tous moments des paquets de paperasses.*

tions des astronomes ou astrologues et antiquaires qui méritent d'être récompensées et honorées ?... Henri IV ne pensait pas ainsi, car il décréta que les lettres de noblesse ne seraient plus accordées à ceux qui ne se distingueraient que dans la guerre. Quant aux astrologues et aux antiquaires, nous ne croyons pas qu'il les ait souvent décorés.

Nous ajouterons que si Franklin (2) et Newton n'avaient fait de découvertes que *dans les astres*, nous les estimerions beaucoup moins.

Ce qu'il faut honorer avant tout, c'est la *vraie* vertu et la *vraie* science qui produisent des fruits utiles pour la société. Et soyez persuadé que les honneurs, rendus au vrai mérite, seront la meilleure manière de punir le vice.

XIII.

Autres tempéraments, autres remèdes.

Préjugé. — Cette drogue a guéri un tel dans une telle maladie, donc c'est un spécifique.

Réfutation. — N'avez-vous donc jamais entendu parler des différences de tempéraments, des différences de prédispositions ? Le *remède Leroy* a guéri bien des malades, mais il en a tué beaucoup d'autres. Le docteur Signoret ne l'emploie, nous le savons, qu'avec une certaine circonspection (1).

----

(1) Franklin, cet homme prodigieux que Turgot a immortalisé par ce vers :

Eripuit cœlo fulmen sceptrumque tyrannis.

(2) Assurément, nous n'avons jamais eu rien de commun avec ce médecin, mais nous aimons à rendre justice à ceux que les académiciens routiniers se plaisent à décrier en dépit des services qu'ils rendent à l'humanité.

Persuadez-vous donc bien qu'il ne faut pas indiquer le premier médicament qui se présente à votre imagination. Il faut auparavant que le raisonnement vous rende, par avance, compte de ses effets, *surtout quand il s'agit de vos substances vénéneuses* : Il faut aussi expérimenter sur les animaux ou sur soi-même. Et pourtant, que de moxas, que de vésicatoires, que de clystères, que de ventouses, que de sétons, que d'emplâtres appliqués *à contre sens!*...

Napoléon avait grandement raison de projeter une loi *qui eût interdit aux médecins l'usage des remèdes héroïques* (1).

<h2 style="text-align:center">XIV.</h2>

Si l'on peut se soigner soi-même.

Préjugé. — Je n'ai pas besoin d'un médecin : je me soigne moi-même.

Réfutation. — Bien que Napoléon ait regardé la médecine comme bien plus nuisible qu'utile, qu'il nous soit permis de n'être pas entièrement de son avis.

Les médecins, il est vrai, travaillent, la plupart du temps, au hasard. Il y a cependant certains cas où les prescriptions médicales sont précises et utiles : dans certaines fièvres, par exemple, dans certaines opérations chirurgicales, surtout dans les accouchements difficiles. Néanmoins, nous le disons à regret, il faut se méfier des *médecins à drogues*, et choisir avec une circonspection extrême ; ce dont les personnes qui ne sont pas *ha-*

____

(1) Le prodigieux conquérant en savait plus, *même sur la médecine*, que les plus grands docteurs de son règne. Il professait pourtant une grande erreur, en prétendant qu'il n'est point donné à l'homme de se soustraire aux maladies, ni de prolonger sa vie. Autant vaudrait dire que l'homme ne saurait embellir ni fortifier son corps.

bituées au raisonnement sont incapables. Choisissez toujours celui qui ordonnera le moins de poisons, et que vous connaîtrez pour un *vrai* philanthrope.

XV.

L'imperfection actuelle de certaines inventions ne prouve que le découragement des inventeurs, par suite de l'ingratitude des gouvernements, qui n'accordent de grands prix qu'aux *archi-millionnaires*, éleveurs de chevaux *de parade*.

PRÉJUGÉ. — Il arrive des accidents sur les chemins de fer, donc les inventions sont funestes.

RÉFUTATION. — Les chemins de fer, comme toutes les autres découvertes, restent à l'état d'imperfection actuelle, parce que les inventeurs sont plutôt découragés qu'encouragés (1), parce qu'on leur impose l'énorme impôt des brevets d'invention; impôt absurde prélevé sur le génie (*et qui, sans doute, n'a pas été établi par la politique de Louis XIV, lui qui pensionnait tous les genres de mérite,* MÊME A L'ÉTRANGER), parce qu'on n'examine pas leurs projets sérieusement et consciencieusement, s'ils ne s'en vont *mendier de porte en porte* les apostilles des favoris de la cour ou des ministres, espèce de mendicité qui est, à coup sûr, la plus vile de toutes (2).

(1) On les démoralise encore lorsqu'ils sont pauvres, par les formalités et les délais qu'on leur impose, ne tenant aucun compte de la position *précaire* où ils se trouvent trop souvent.

(2) Au temps des grandes choses, on disait : *Tout au mérite ;* aujourd'hui : *Tout à l'intrigue et à l'incapacité.*

Jenner seul a été récompensé généreusement de sa découverte de la vaccine. Le gouvernement anglais lui a payé deux millions. Sans doute, l'argent n'est pas la plus belle récompense ; mais c'est du moins la plus *opportune*, parce que les inventeurs sont ordinairement pauvres, et parce qu'on les met ainsi en état de perfectionner et de compléter leurs

Du reste , pour avoir une idée de la puissance illimitée du génie , il faut se rappeler ces paroles de l'Evangile : « *Vous êtes tous des Dieux !* » Ces mots font pressentir les miracles qui naîtraient de l'union de la richesse et de la science. Et Napoléon lui-même n'a-t-il pas dit : « *Il n'y a pas d'idéalités qui n'aient au fond un résidu positif.* » (MÉM. DE SAINTE-HÉLÈNE.)

Nous croyons donc fermement à la toute-puissance du génie pour créer et pour perfectionner (1).

XVI,

PRÉJUGÉ. — Les savants commettent des erreurs , donc la science n'est pas si précieuse qu'on le croit généralement.

RÉFUTATION. — Oui, malheureusement, il n'est que trop vrai, les faux savants qui trônent dans le monde jettent le discrédit sur la science. Leurs grossières erreurs, ils prétendent qu'elles proviennent de la science elle-même , et les riches ignorants en concluent que la

découvertes. Mais aujourd'hui on n'indemnise que ceux qui n'ont ni droit ni besoin d'être indemnisés.

(1) C'est bien à tort qu'on a attribué à la construction hâtive des chemins de fer en France les désastres financiers de l'année 1847. Cette précipitation , mauvaise néanmoins , n'a eu que la moindre part dans ces crises. C'est à la stagnation du numéraire , engendrée par la peur, dont nous parlons au n° VI , qu'il faut principalement attribuer le mal : il a attendu pour se développer une réunion de causes secondaires.

Les créations et les perfectionnements de machines ne peuvent que produire une circulation monétaire plus active Quand les tribunaux forceront- ils les compagnies à adopter les *parachocs* au lieu de condamner aux frais de procédure des parties civiles mutilées , comme on l'a vu à Versailles et ailleurs. — O abomination !...

science n'est pas une bonne chose et s'opposent à sa propagation et à son perfectionnement plutôt que de les favoriser. Aussi, pourquoi nous donne-t-on des ingénieurs qui ne savent pas prévoir la cause d'un fléau, des ministres dont l'incapacité ou le grossier égoïsme ne trouvent pas de remède à la misère publique? des médecins qui tuent et laissent enterrer les vivants pêle-mêle avec les morts (1)? des académiciens *qui proposent, en pleine Académie, 10,000 fr. à celui qui prouvera qu'il existe un Dieu, etc., etc., etc. (2)?*

XVII.

Le refroidissement subit, cause des *phlegmasies* et moyen *tout-puissant* de guerison, lorsqu'il est reporté sur les parties saines *correspondantes et opposées.*

Préjugé. — Je ne suis pas bien portant, il faut que je me tienne chaudement.

Réfutation. — Cette précaution ne serait pas un préjugé, si on l'appliquait avec intelligence *aux parties*

---

(1) Voir un grand nombre de cas d'inhumations précipitées dans le *Dictionnaire de Médecine Usuelle* de Bayle et Gibert, art. *Inhumations.*

(2) Ce serait peine perdue d'entreprendre de prouver à un esprit presque *matérialisé* l'existence du *plus pur des esprits.* (*Non margaritas antè porcos.*)

Nous devons dire seulement à ceux qui ont peine à s'élever à des vérités si hautes, que de même qu'après les solides et les liquides, il y a des fluides *beaucoup plus subtils*, de même il y a encore des esprits, qui sont *infiniment* plus subtils et plus puissants à leur tour que les fluides, les gaz. Les *grossiers* docteurs du *matérialisme* ne pourront substituer leur Dieu (Matière), dont les moins grossiers n'osent avouer le culte, à notre Dieu à nous, l'Esprit : ils ne pourront non plus les unifier par leur insolent panthéisme. Eternellement, l'esprit s'attachera à la matière pour la béatifier, si elle lui cède, pour la torturer si elle résiste ; l'esprit dissoudra la matière et restera vainqueur. (*V. la note* 1, *p.* 19.)

malades seulement. Mais on n'a jamais bien observé les phénomènes si simples produits par le *chaud* et le *froid*, parce que, dans les écoles, on aime mieux vous faire réciter de belles phrases, telles que celle-ci : *Clitellas dùm portem meas,* et autres aussi absurdes (*du moins comme phrases détachées*), plutôt que de faire raisonner un peu les jeunes gens. Aussi, devenus médecins, appliquent-ils, sans en apprécier les différents effets, les ventouses, les vésicatoires et les moxas, à droite ou à gauche, à tort ou à raison, *sans savoir pourquoi.*

Mais agissons différemment ; interrogeons notre intelligence.

Que se passe-t-il quand une partie du corps se refroidit subitement ?

Le calorique (*chaleur*) s'y précipite en masse, entraînant avec lui le sang et les divers fluides dont il est composé ; de là, si on prolonge l'action du refroidissement organique, survient une *extravasation,* c'est-à dire un épanchement à l'extérieur, par suite de la rupture des tissus cutanés ou cellulaires.

Le phénomène morbide, si connu sous le nom de *coup d'air*, démontre péremptoirement que les choses se passent ainsi, puisqu'un courant d'air froid suffit, dans ce cas, pour emplir un œil de sang ou pour engorger un membre (*enflure*).

Mais qu'arrive-t-il dans les parties du corps autres que celle où agit le refroidissement subit ?

Un effet tout contraire s'y manifeste : c'est-à-dire qu'au lieu d'être engorgées par les liquides et les fluides, elles en sont quelquefois privées entièrement, comme dans les paralysies, le calorique entraînant avec lui ces liquides et ces fluides vers les parties exposés au froid.

Comme le mouvement facilite cette combinaison, des frictions pratiquées à l'aide d'une brosse sur un point opposé à l'inflammation détourneront en ce sens le cours du calorique.

Ce phénomène se produit en vertu des lois physiques d'attraction du calorique positif par le calorique négatif et de mélange des contraires (1).

On a prétendu, qu'au contraire, ce refroidissement arrêtait la circulation, mais cela n'est vrai que pour les refroidissements *graduels*; les battements artériels précipités (*élancements*) que l'on ressent dans les coups d'air aux gencives, en sont une preuve *palpable*.

On en doit déduire que les *seules* parties malades doivent être garanties du refroidissement subit, et que ce refroidissement, appliqué aux autres parties, ne peut être que favorable, en y rappelant, comme nous le disons, à l'aide d'une brosse, l'afflux sanguin déterminé antérieurement sur la partie lésée. Il y aura, dans ce dernier cas, rétablissement de l'équilibre, qui avait été rompu lors du premier refroidissement (2).

(1) Cette loi *de mélange des contraires* mérite d'être étudiée à fond, car elle n'est qu'une avec la loi d'attraction universelle. Aussitôt que deux corps sont en contact, ils entrent en combinaison *plus ou moins intime*. comme on le voit dans le contact des métaux formant les *piles galvaniques*. L'écoulement rapide des fluides sépare aussi dans ce cas les molécules, et cette extravasation détruit (*oxyde*) promptement les points en contact. C'est là encore une preuve *matérielle* de notre théorie, que la routine ne veut pas admettre. Dites donc plutôt, messieurs les académiciens, que l'eau et le sucre se repoussent dans un verre.. Si les pôles semblables des aimants se repoussent, c'est que, dans un aimant, le courant fluide est déterminé *dans un certain sens* toujours le même : il est bien connu que si deux courants d'eau ou d'air viennent à se rencontrer, le plus fort vainc le plus faible, c'est-à-dire le *repousse*. Dans les aimants *naturels*, le courant est déterminé par l'attraction polaire ; dans les aimants *artificiels*, par le frottement, par la rotation, etc.

(2) L'auteur vient de publier un opuscule scientifique intitulé : Création d'une médecine rationnelle, basée sur les lois les plus irréfragables de la physique et de la chimie, où la théorie ci-dessus est démontrée mathématiquement. approfondie et développée, comme elle paraît le mériter. (*V. Introduction, p.* 7, *ci-dessus.*) Nous

Et ce qui prouve manifestement qu'il y a accélération et non ralentissement de la circulation, c'est la chaleur qui se développe sur le point exposé au froid, et les battements artériels (*élancements*) dont nous parlons ci-dessus.

On voit, par cette théorie, que la thérapeutique découlerait directement des principes de la physique observée et appliquée rationnellement (1).

XVIII.

La médecine actuelle en contradiction avec elle-même.

Préjugé — « *Ce n'est pas la médecine qui guérit les malades, c'est l'imagination.* »   M. Magendie.

Réfutation. — Dans ce cas, Messieurs, vous seriez bien coupables d'employer tant de poisons, dans le seul but de réagir sur l'imagination de vos malades. Sans doute, la médecine, *telle que la comprennent des gens qui proclament de tels principes*, n'est pas capable de guérir ; mais les hommes dont nous parlons feraient mieux d'avouer qu'ils n'ont pas fait des études bien approfondies dans cette science. Du reste, ils peuvent dire,

pouvons jurer au lecteur que c'est l'intérêt public qui est notre principal motif, et qui nous porte à défendre notre propre cause avec une certaine insistance.

(1) Napoléon semble avoir *entrevu* notre théorie en Egypte, puisqu'il disait à O'Méara, à Sainte-Hélène : *Je faisais plus avec ma brosse et ma flanelle, que les médecins avec toutes leurs drogues.* Le docteur anglais Currie paraît aussi l'avoir *entrevue* dès le 18e siècle, mais il en restreignait l'application à la fièvre typhoïde. Les bains russes en sont une application, mais la plupart du temps fort *irrationnelle* et dirigée à contre-sens. (*V.* dans la Gazette des Hôpitaux *de* 1847, *les cures nombreuses et authentiques de Currie, que nous pouvons aussi, nous, invoquer, puisqu'elles justifient nos principes.*)

pour se disculper, que la généralité des médecins n'en sait pas plus qu'eux, que la médecine est encore à créer. Dans la pratique, ils devraient se borner à administrer de l'eau tiède, pour agir sur l'imagination de leurs malades, plutôt que de faire essai des plus violents poisons; par exemple, des vésicatoires sur la tête, comme on l'a fait tout récemment sur feu M. M..., s'il faut en croire les journaux. Quant à nous, nous pensons que la médecine peut passer à l'état de science positive, et nous croyons l'avoir prouvé dejà. (*V. le n*º 17 *ci-dessus.)* (1)

Nous ne nions pas, du reste, la puissante influence de l'imagination pour le bon résultat d'une médication (2). Nous ne voudrions pas non plus voir M. Magendie conclure de notre article que nous n'apprécions pas ses laborieuses recherches physiologiques. Nous rendons justice, autant que possible, à tout le monde.

(1) M. Dupin a cité dernièrement, à la Chambre des Pairs, un fait qui montre par quel moyen on peut devenir médecin du roi et académicien : on envoie un savoyard demander M. un tel par toute la ville ; on se fait ainsi connaître de tous, et le vulgaire, qui n'y entend pas malice, est pipé par ce stratagème malin. — M. Dupin n'a pas révélé toutes les ruses du *charlatanisme titré.*

(2) C'est cette influence même qui démontrerait à des matérialistes moins grossiers que certains médecins-académiciens la nécessité du raisonnement; car, en médecine comme en politique, les faits résultent des *doctrines* que les hommes se créent, quand ces doctrine sont d'accord avec les lois suprêmes. Demandez plutôt à M. Guizot. Mais, hélas! l'attribut de l'ancienne définition philosophique de l'homme (*l'homme est un animal* RAISONNABLE) ne s'applique guère aux académiciens routiniers, à *ces brasseurs de puante matière,* comme dirait Napoléon, à ces *docteurs* qui ont recours à un *quid divinum !!!* pour expliquer la *grippe,* qui est le resultat. tout simple, de l'introduction des gouttelettes d'humidité dans le larynx; gouttelettes qui produisent à la longue le même effet (*prolongé*) que produit l'absorption d'un liquide par cette voix, par la *fausse gorge,* comme dit le peuple. Aussi remarque-t-on que l'âcreté de cet air humide produit sur la membrane pituitaire la même irritation que le tabac très-fort.

XIX.

Le travail difficile à trouver, même pour les ouvriers qui acceptent
le salaire le plus minime.

Préjugé. — Les pauvres ne mendiraient pas, s'ils vou-
laient travailler.

Réfutation. — Voilà le prétexte que tous les cœurs
durs allèguent pour se dispenser de la bienfaisance. Nous
espérons ruiner complètement cet argumement vermoulu
et mauvais à tous égards.

Il faut, en effet, que ceux qui parlent ainsi n'aient
jamais réfléchi que certains misérables, qui consentent
à travailler, comme cela se voit, pour 30 centimes par
jour, ont encore beaucoup de peine à trouver de l'emploi; parce que ceux qui ont des fonds sont *avares* ou
dissipateurs et ne savent pas retirer de leur argent un
immense profit moral ou même matériel, comme ils le
pourraient. (*V. la note* 1 , *n°* 2.)

Et maintenant, supposez qu'un homme ait été autrefois
dans une position aisée ; lui est-il possible de trouver en
lui-même le courage nécessaire pour accepter , dans le
cas où il se présenterait, le magnifique émolument dont
nous venons de parler ?... Supposez à présent mille autres
circonstances qui peuvent produire un découragement ,
une démoralisation encore plus complète, que deviendra-
dra votre inhumain raisonnement ? N'excusez-vous donc
pas la mélancolie qui les fait errer de ville en ville? Les
cœurs de pierre n'y compatissent pas , car la morale ,
la pitié s'adressant à eux, c'est : *margaritas antè porcos (des diamants à des pourceaux)*. Jamais ils ne
comprendront la charité, le plus sublime des devoirs,
a plus noble et la plus enivrante des jouissances , *la*

jouissance de Dieu. Mais elle n'existe pas pour ces eunuques de l'égoïsme *grossier et inintelligent.* Ils ont même trouvé moyen de dégrader la signification du mot CHARITÉ, en la restreignant à l'*aumône.* Est-il besoin de leur apprendre que l'aumône est ce que l'on *donne* à l'homme indigent, et non la juste rémunération que l'on doit au travail (ateliers DE CHARITÉ !!!) (1).

Ce n'est pas tout. Vous qui ne sauriez comment faire pour trouver de l'occupation à ces malheureux, vous voulez toujours qu'ils puissent en trouver ailleurs que chez vous ; mais votre voisin de gauche et votre voisin de droite leur répondront la même chose que vous venez de répondre. D'ailleurs on leur suppose toujours des avances qu'ils n'ont pas, en exigeant qu'ils se procurent des instruments de travail et qu'ils justifient d'un domicile fixe (2).

Cela vient de ce que, comme dit *Montaigne*, il nous manque une institution ayant pour but de mettre en rapport celui qui cherche un homme et celui qui cherche un emploi. Il est vrai que certains escrocs, pour lesquels

(1) Il faut cependant rendre justice aux efforts de ceux qui substituent le *salaire* à l'*aumône*, et plus encore aux efforts de ceux qui substituent la *cote-part* au salaire. Nous devons aussi reconnaître les améliorations *projetées* par la politique actuelle, bien qu'elles soient fort timides. — L'*impartialité* est notre *parti.*

(2) C'est ce que l'on fait à Rouen (*a*), dans les établissements de bienfaisance où l'on procure du travail aux pauvres. On exige d'eux une pelle et un balai, et, après cela, les journaux traitent de vauriens et de fainéants ceux qui ne travaillent pas, faute des avances nécessaires. Bien souvent, cependant, ces malheureux n'ont même pas d'*asile*. (*V. la note* 1, *p.* 10.)

(*a*) Depuis, on a été obligé, vu le grand nombre des malheureux, de se désister un moment de ces exigences ; mais on n'a pas tardé à y revenir. Quand donc s'avisera-t-on de secourir la classe la plus indigente, ces infortunés *enfants des hommes, qui n'ont pas où reposer leur tête,* et auxquels la *justice* humaine fait un crime même de leur misère, et prétexte ce délit pour les flétrir et leur enlever le seul bien qui leur reste, *leur honneur.* (*V. la note* 1, *n*° 10)

les tribunaux ont trop d'indulgence, promettent de remplir cette tâche ; mais ils ne font, la plupart du temps, que dévaliser les ouvriers ou les employés si dignes d'intérêt qui s'adressent à eux pour être placés (1).

Vous ne pouvez même pas reprocher au pauvre sa mauvaise réputation, qui fait que personne ne veut de lui, parce qu'il dira n'être tombé dans le vice que faute d'un travail rémunéré d'une manière digne d'un homme (*et MM. du parquet savent que cela est souvent vrai*). Dans tous les cas, ils ont souvent commis moins de crimes de *lèse - humanité* et autres que ceux qui leur reprochent leur situation, *car ce n'est jamais que des méchants qui ne souffrent pas de l'infortune, même des méchants.* On pourrait leur jeter à la tête ce que le Christ disait à ses disciples dans une circonstance analogue : « *Que celui d'entre vous qui est pur de tout crime lui jette la première pierre* (2) »

Nous n'ajouterons plus que deux mots :

Vous ne voyez assurément pas le fond des consciences ; vous ne connaissez pas entièrement la position de l'individu que vous avez sous les yeux (*les tribunaux mê-*

______

(1) Nous ne voulons pas attaquer tous les bureaux de placement. Mais il est certain que la plupart de ces établissements n'inspirent aucune confiance ; il s'ensuit que ceux qui ne sont pas nuisibles ne sauraient être utiles à l'ouvrier ou à l'employé, qui n'y vont presque jamais, dans la crainte d'être exploités. Nous saisissons ici l'occasion de faire remarquer que si l'on s'occupe encore un peu de secourir les ouvriers, on ne fait absolument rien pour certaines professions demi-libérales, dont les employés subalternes ont beaucoup de peine à vivre. Ceux-là sont à tous égards les plus malheureux, vu que, dans leur jeunesse, ils n'ont pas, pour la plupart, connu les privations. Il est urgent, ce nous semble, qu'on organise des bureaux de placement, surtout pour cette classe : il y en a plus qu'on ne croit qui souffrent les tortures physiques et morales de la misère.

(2) Les vols commis par J.-J. Rousseau ne prouvent-t-il pas surabondamment que la misère peut faire faillir un noble cœur et rendre un homme fort coupable *en apparence* aux yeux de la *fausse* justice ? — (*V. les Confessions.*)

mes s'y trompent) ; et ne vaut-il pas mieux secourir un homme indigne qui souffre, que de s'exposer à laisser pâtir un pauvre digne de commisération ?

Ne cherchons point à approfondir, avec notre débile intelligence, les mystères des consciences, qui sont le secret de Dieu ; rappelons-nous à tout moment que souvent les plus méprisés dans le monde sont les plus estimés de Dieu. (*V. la note* 1, *n°* 10.)

XXI.

Les titres et les diplômes prouvent plus souvent la fausse science que la vraie.

Préjugé. — M. Rudiment est docteur dans les quatre facultés, donc M. Rudiment est un grand savant.

Réfutation. — Bien malheureusement, hélas ! Il faut l'avouer, les diplômes ne prouvent, la plupart du temps, qu'une *fausse* science. On surcharge les esprits de connaissances futiles, ou du moins n'ayant aucun trait à la profession à laquelle ils se destinent : l'étudiant en médecine, par exemple, voit son intelligence succomber sous le faix énorme des *divagations* algébriques, historiques, trigonométriques, philologiques, etc. ; dégoûté du travail, après un examen de bachelier, il exècre les livres et vit exclusivement pour la *Chaumière* et le *Prado* (1). Quelques lourds et ineptes esprits font exception à cette règle, et, comme ils flattent le professeur en

(1) On a contesté cette assertion ; nous devons donc dire que nous entendions par là que, même en assistant aux cours, beaucoup d'étudiants sont préoccupés d'idées de plaisir. La faute n'en est pas à eux, ni même aux professeurs, elle vient de ceux qui président à l'administration de l'instruction publique, lesquels ne s'empressent point de retrancher des cours les sciences fausses et les notions stériles.

assistant exactement et attentivement à ses cours, ordinairement ils remportent la palme des concours. Nous
disons ordinairement, car il ne faut pas cependant géné-
raliser trop cette triste assertion, et de nobles cœurs,
stimulés par l'amour de la science et aussi quelquefois
par le besoin d'avancement, viendraient nous donner un
démenti par les utiles découvertes qu'ils ont faites et
qui seraient infiniment plus nombreuses si les esprits,
dans la jeunesse, avaient été mieux dirigés. Mais qu'ils
sont rares de nos jours les Laënnec et les Dupuytren !
et qu'ils attendent longtemps pour entrer à l'Académie,
comme le prouve la reception honteusement tardive de
l'inventeur de la *lithotritie* (1), M. Civiale ! A leur place
se pavanent de fringantes nullités, parvenues par de sales
intrigues, des services *occultes*, et opposées à tout progrès, car le progrès les offusque (2), comme la lumière
blesse l'œil des hideux oiseaux de nuit.

Que ne dirions-nous pas aussi pour protester contre
la manière *peu philosophique* et *peu chrétienne* dont on
enseigne le droit. Quand il s'agit des pauvres, jamais on
n'y interprète les lois *en faveur de l'obligé*, comme le
veut le code civil.

Nous devons protester aussi contre les énormes frais
d'études, qui font que ce n'est pas le talent, mais la fortune et l'intrigue qui parviennent *ordinairement*.

(1) M. Leroy d'Etiolle a réclamé depuis au sujet de cette invention.
Nous ne savons comment il se fait que M. Civiale passe pour en être
l'auteur — L'inventeur de l'*hélice* nautique n'est pas non plus académicien. On profite avec ingratitude de sa découverte...

(2) M. de Montalembert a rappelé dernièrement, fort à propos, à la
Chambre des Pairs, que de tout temps la médecine s'était montrée
hostile aux découvertes, à la circulation du sang, à la vaccine, etc.
Ce sont pourtant ces charlatans qui veulent proscrire les officiers de
de santé, pour avoir le monopole *de la torture médicale*. Le discours
de M. de Montalembert etait fort logique.

XXII.

Les idées nouvelles doivent être mûrement examinées , avant d'être
rejetées.

Préjugé. — Il y a beaucoup d'idées nouvelles qui
avaient d'abord excité l'enthousiasme , et qui, par la
suite, ont été reconnues fausses; donc, il faut rejeter
les idées nouvelles.

Réfutation.—Voilà le préjugé qui maintient la France
dans un dégré inférieur à l'Amérique et à plusieurs autres
nations sous le rapport des perfectionnements. Le Français adopte de suite avec enthousiasme, ou rejette avec
autant de promptitude, sans examen réfléchi. Sans
doute, il faut adopter *avec circonspection* les innovations,
mais pourtant il faut les adopter, lorsqu'on en a vérifié
mathématiquement les avantages à l'aide de l'*analyse*
et de la *synthèse*. C'est ce que le Français conçoit parfaitement, mais la vivacité de son caractère l'emporte
toujours : il adopte ou il rejette, sans examen approfondi, les hommes aussi bien que les choses ; aussi n'a-t-il
pas toujours à la tête de son gouvernement des citoyens
d'une grande capacité. Sa pétulance peut, dans certains cas, décourager et abattre ceux qui cherchent
ses intérêts, et quelquefois même pervertir et émous-
ser leurs facultés (1).

(1) Il faut cependant bien dire encore aux Français une autre
vérité : c'est que leur esprit *trop exclusif* de nationalité n'est pas
dans l'ordre providentiel. On ne doit pas *diviser* mais *unir*. Les tyrans
ne redoutent que l'union des peuples. Si l'Angleterre et la France sa-
vaient s'unir, elles banniraient le despotisme du monde entier, sans
guerre, *par la seule force de leur* INFLUENCE.

TEXTES A MÉDITER.

La maison de Dieu est une maison de prière, et vous en avez fait un repaire de voleurs (1).

> (JÉSUS, *à ceux qui vendaient dans le temple non des MESSES, mais des choses usuelles:*)

L'argent en honnête homme érige un scélérat,
L'argent seul au palais peut faire un magistrat.

> (BOILEAU.)

Détestables flatteurs ! présent le plus funeste
Que puisse faire aux rois la colère céleste !

> (RACINE.)

Le principe de la bienfaisance est écrit dans la conscience ; c'est plus que d'être écrit dans la loi.

> (DE LAMARTINE. *Manif. sur les subsist.*)

Que celui d'entre vous qui se croit pur de tout crime lui jette la première pierre.

> (JÉSUS *à ceux qui dénigraient la femme pécheresse.*)

Il n'y a ni crime ni délit, lorsque le prévenu était en état de démence ou lorsqu'il a été contraint par une force à laquelle il n'a pu résister. *(Code Pénal, art 64.)*

Il faut que l'argent circule. *(Proverbe.)*

En France, les zéros sont devant les chiffres, les incapacités devant les capacités. *(Corsaire.)*

Si la vie et la mort de Socrate sont d'un sage, la vie et la mort de J.-C. sont d'un Dieu. (J.-J. ROUSSEAU.)

La loi sur la médecine viole la science et la charité.

> (M. DE MONTALEMBERT.)

Il faut juger une politique d'après ses résultats.

> (M. GUIZOT.)

Selon que vous serez puissant ou misérable,
Les jugements de cour vous feront blanc ou noir.
(LAFONTAINE.)

La justice des hommes n'est pas celle de Dieu.
(*Évangile.*)

Altò da mi punctum, terrasque polumque movebo.
(ARCHIMÈDE.)

Il n'y a pas d'idéalités qui n'aient au fond un résidu positif.
NAPOLÉON. (*Mém. de Sainte-Hélène.*)

Le mot *impossible* n'est pas français.　　(NAPOLÉON.)

Les prêtres ont glissé partout la fraude et le mensonge.
(NAPOLÉON.)

La société doit à tous ses membres le logement, le vêtement
et la nourriture.　　　　(M. DUCHATEL.)

Invidia medicorum pessima.　　　　(*Proverbe.*)

Pharisiens et hypocrites! les publicains et les courtisanes
vous précéderont dans le royaume des cieux. (*Évangile.*)

Jugez de l'arbre par ses *fruits*, de l'homme par ses *œuvres*.
(*Évangile.*)

(Riches !) « vous voyez l'atôme qui est dans l'œil » (du
pauvre) « mais vous ne voyez pas la gangrène » (*strabem*
et non *trabem*), « qui est dans le vôtre. »　　(*Évangile.*)

Influence not government.　　　　(WASHINGTON.)

Un homme ne doit pas regarder comme légitime l'usage
de son superflu lorsque d'autres sont privés du nécessaire.
D'ALEMBERT. (*Élém. de Phil.*)

Tous les gouvernements en France se sont perdus par
l'oubli du Peuple.　　　　(M. GUIZOT.)

DIEU PROTÈGE LE MONDE!

SUJETS A TRAITER DANS LE PROCHAIN CAHIER.

I. L'étiquette du grand monde est plus digne des Chinois que des Français.

II. L'intérêt et la sécurité des riches leur commandent d'assurer le logement, le vêtement et l'aliment à tout le monde, et *surtout* aux hommes savants et vertueux, capables d'ameliorer le sort humanitaire par des découvertes *utiles*.

III. *Responsabilité* des classes opulentes de la société ; des tuteurs et curateurs pour leurs pupilles.

IV. La mendicité des suffrages et des emplois, par *ceux qui ne sont pas dans le besoin*, est plus vile que la mendicité pécuniaire des pauvres.

V. Préjudices portés à la cause du progrès et du bonheur social par les formalités et les délais administratifs.

VI. La première idée venue sur un sujet quelconque n'est pas ordinairement la bonne ; il faut approfondir pour trouver celle-ci.

VII. La loi morale de l'AMOUR *(charité)* est la base du monde moral, comme la loi physique d'ATTRACTION *(combinaison, mélange)* est la base du monde physique.

VIII. L'Assemblée Nationale de France a fait une œuvre impolitique en ne faisant pas découler les droits de l'homme de ses devoirs.

IX. Il faudrait que le budget fût confié à des gens de bien, qui l'employassent à produire la plus grande somme possible de bonheur pour l'humanité.

X. Si l'on doit juger un homme, non d'après ses œuvres, mais d'après des recommandations et des apostilles, mendiées d'une part, intéressées d'autre part.

XI. On pourrait écouler beaucoup de produits industriels en habillant, logeant et nourrissant les pauvres et les prisonniers d'une manière *décente* et digne de la société humaine. Il suffirait que l'impôt fût réparti d'après une *juste* progression.

XII. Si l'on doit encourager les industries *superflues* au détriment des industries *nécessaires*.

XIII. Si le millionnaire qui élève un cheval de parade mérite un prix de 36,000 fr., de préférence à l'auteur pauvre d'une bonne action ou d'un bon livre.

XIV. Il ne faut pas, en politique, pratiquer *l'homéopathie*, c'est-à-dire irriter une population déjà irritée.

XV. Les décorations, les titres, sont du déshonneur, quand on ne les a pas mérités par des services patents et non *occultes*, rendus à l'humanité; ils ne prouvent que la bassesse des courtisans qui les ont obtenus par l'intrigue et la trahison.

XVI. Le *public* réfléchit et raisonne juste; le *vulgaire* réfléchit peu et raisonne faux

XVII. Ce n'est pas le *grand nombre* (l'Opinion), mais l'*unité* (Dieu) qui gouverne le monde, parce que la vertu est plus rare que ne le dit M. Lamartine, lorsqu'il flatte le peuple.

XVIII. Loi morale de la *solidarité* des membres du corps humanitaire, et des différentes branches de la société.

XIX. Pour arriver à des résultats justes, les sciences physiques doivent, à chaque instant, contrôler les sciences morales, chaque principe physique étant représenté par un principe moral.

XX. Les machines, sous un gouvernement protecteur du génie, deviendraient, *par les perfectionnements qu'elles exigent sans cesse*, un nouvel élément très fécond de travail, au lieu de rendre des bras inutiles.

XXI. Si l'on doit tenir un juste-milieu entre le bien et le mal.

XXII. Les capacités qui méritent le premier rang, sont celles qui s'occupent des intérêts *les plus généraux ;* conséquemment celles de la presse.

XXIII. Le numéraire est un grain qu'il faut semer seulement dans la bonne terre, c'est-à-dire mettre aux mains des personnes *capables* de le faire fructifier.

XXIV. Si l'impôt doit peser autant sur le *nécessaire* du pauvre que sur le *superflu* du riche.

XXV. Si la loi doit être athée, comme prétend M. Odilon Barrot.

Rouen. Imp. de I.-S. LEFEVRE, rue des Carmes, 20.

Note supplémentaire.

Il ne faut pas qu'on se méprenne sur la Révolution qui vient de s'opérer en France. Elle s'est faite au nom de la JUSTICE et de l'HUMANITÉ. Malheur aux hommes nouveaux s'ils sont assez *aveugles* pour ne pas le comprendre ! Qu'on n'attribue pas l'admirable unité d'action qui s'est manifestée au sein d'une masse indisciplinable au hazard, ni au besoin de *banqueter*. Le banquet n'a été que l'*occasion* de châtier les insatiables (1), les insolents et les ingrats insultés par les insolents. On a tort de s'obstiner à substituer à la devise que M. Lamartine avait adoptée des mots aussi impolitiques que ceux de *liberté* et d'*égalité*. On ne sera jamais *libre* de tout faire, et jamais non plus le malfaiteur ne sera *égal* à l'homme de bien. Le communisme (*violent*) s'emparera toujours du dernier de ces mots pour demander la loi agraire.

Les mots ont quelque valeur en politique.

Qu'on y songe. Depuis un an et plus les événements sont venus, les uns après les autres, justifier nos théories (2)... Vous n'avez pas flatté la cour; eh bien, ne flattez pas le peuple. (*Malheur à ceux qui ne voient que le bras, jamais la tête.*) Soyez justes envers les citoyens utiles, qu'ils appartiennent ou non à vos coteries ; soyez humains envers tous : *premièrement*, envers ceux qui n'ont *pas d'asile*, et auxquels vous n'avez pas encore songé.

(1) L'*aveugle* ex-roi ne comprend pas encore que sa chute est due moins à la violation des lois humaines qu'à la violation des lois divines, perpétuée pendant tout son règne par l'égoïsme, l'avarice, la cupidité, l'orgueil, érigés en principes.

(2) On ne pourra s'empêcher de remarquer l'à-propos de notre nouveau titre, surtout quand on saura que la première épreuve en était tirée dix jours avant la débâcle politique de Louis-Philippe. Certes, nous avons joué assez longtemps le rôle de Cassandre près de cet Harpagon abruti, qui croyait avoir le droit d'enfouir éternellement dans ses coffres la subsistance de plus d'un million d'hommes. Puisse la justice de Dieu prévaloir toujours sur la fausse justice des hommes, qui regarde l'avarice et la rapine comme droits, tandis que ce sont en réalité *les plus abominables* des crimes.

TEXTES A MÉDITER.

La maison de Dieu est une maison de prière, et vous en avez fait un repaire de voleurs (1).

> (Jésus, à ceux qui vendaient dans le temple non des MESSES, mais des choses usuelles.)

Le principe de la bienfaisance est écrit dans la conscience; c'est plus que d'être écrit dans la loi.

> (De Lamartine. *Manif. sur les subsist.*)

Que celui d'entre vous qui se croit pur de tout crime lui jette la première pierre.

> (Jésus à ceux qui dénigraient la femme pécheresse.)

Pharisiens et hypocrites! les publicains et les courtisanes vous précéderont dans le royaume des cieux. (*Évangile.*)

> L'argent en honnête homme érige un scélérat,
> L'argent seul au palais peut faire un magistrat.
> (Boileau.)

La loi sur la médecine viole la science et la charité.

> (M. de Montalembert.)

> Détestables flatteurs! présent le plus funeste
> Que puisse faire aux rois la colère céleste!
> (Racine.)

Il faut que l'argent circule.   (*Proverbe.*)

Si la vie et la mort de Socrate sont d'un sage, la vie et la mort de J.-C. sont d'un Dieu.   (J.-J. Rousseau.)

La société doit à tous ses membres le logement, le vêtement et la nourriture.   (M. Duchatel.)

Influence not government.   (Washington.)

ROUEN. IMP. DE L.-S. LEFEVRE.

www.ingramcontent.com/pod-product-compliance
Lightning Source LLC
Chambersburg PA
CBHW061234030726
47595CB00004B/1533